27
L n 13435.

NOTICE.

La mort, en moissonnant ses jeunes destinées,
A compté ses vertus, et non pas ses années.

NOTICE

SUR LES

ENFANTS DE M. MARCELLIER

Garde général des forêts du Val et de Wassy

(HAUTE-MARNE)

Par D.-R. et P.-N.-Rose DOLLET.

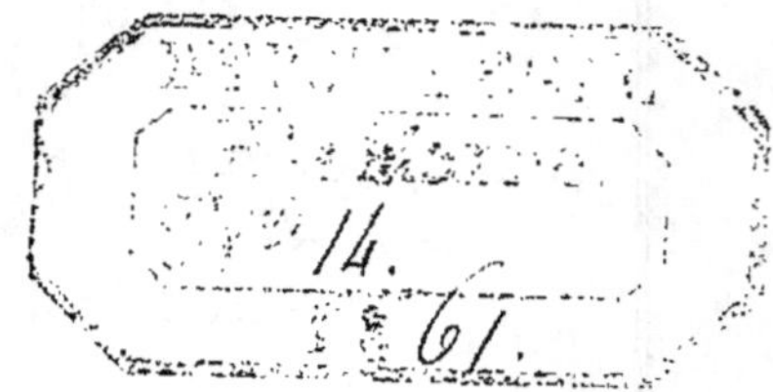

> Mes jours se sont évanouis comme la fumée....
> Ils ont décliné comme l'ombre, et je me suis fané comme l'herbe qui tombe sous le fer du moissonneur. (PS. 101.)

WASSY

TYPOGRAPHIE ET LITHOGRAPHIE J. GUILLEMIN.

1861

AVANT-PROPOS.

Cette notice, où l'on rappelle en peu de mots la vie
édifiante et la mort précieuse devant Dieu de jeunes
gens enlevés à leurs parents à la fleur de l'âge, est le
résultat de doux entretiens, de confidences intimes,
durant de longues soirées d'hiver, devant le modeste
foyer de ces chers parents qui, venus des rives brillantes de la Loire dans notre humble et charmante
vallée, trouvaient quelque consolation à raconter leurs
anciens malheurs. Les nouveaux amis auxquels ils
confiaient leurs chagrins, furent témoins eux-mêmes
des moments suprêmes de leur dernier fils, jeune
homme plein d'espérance, et sur lequel on s'étend
davantage dans ce récit, parce que sa mort toute
chrétienne a excité dans notre pays les plus vives
sympathies. D'ailleurs l'administration ferme, pleine
de justice, et l'on peut dire toute paternelle du père,
homme aussi indépendant et inébranlable dans ses

principes religieux que dans ses devoirs administratifs, déjà lui avait concilié tous les cœurs, lorsque cette famille honorable éprouva ce dernier malheur, auquel chacun prit part, autant par estime pour les parents, que par admiration pour un jeune homme si vertueux.

L'un de ces confidents de leurs peines a cru devoir mettre en ordre ces causeries amicales, et les déposer, comme un monument de famille, entre les mains de M. Marcellier, digne curé de Mulsans, que nous avons vu sur la tombe de son cher neveu, plongé dans une profonde douleur, et, plein d'une résignation chrétienne, exprimer sa vive reconnaissance à la population wasseyenne, qui accompagnait le convoi funèbre dans le plus grand recueillement.

Puisse cet opuscule être agréable à ce vénérable prêtre, à sa vertueuse famille, à ses nombreux amis ! Puisse-t-il être utile aux quelques jeunes gens qui voudront bien le lire ! Ils y verront des jeunes gens de leur âge toujours fidèles à la vertu, à la religion, triompher des passions et des vices, qui travaillent trop souvent l'adolescence et la jeunesse. Ils y verront, qu'au jour marqué par la Providence, ils ont, si jeunes encore, fait avec une foi généreuse, le sacrifice de leur vie, pour s'envoler avec confiance et amour dans le sein de Dieu.

NOTICE

SUR LES

ENFANTS DE M. MARCELLIER,

GARDE GÉNÉRAL DES FORÊTS DU VAL ET DE WASSY (HAUTE-MARNE).

MARCELLIER

(LUCIEN);

Décédé le 6 novembre 1852, à l'âge de 22 ans.

Lucien Marcellier, né à Ecoman (Loir-et-Cher), eut le bonheur d'appartenir à une famille où la foi catholique fut de tout temps un dépôt sacré et héréditaire. Aussi son enfance, dirigée dans la voie de la vérité, donna-t-elle les plus heureuses espérances qu'il réalisa pleinement. Aussitôt que la raison eut commencé à l'éclairer de son divin flambeau, il montra une vive inclination pour la piété et pour tout ce qui peut la nourrir. Ces pieuses dispositions, jointes à un goût prononcé pour l'étude, à une mémoire étonnante, engagèrent ses parents à le placer dès l'âge le plus tendre dans le petit séminaire de Blois, où il fit des études, sinon brillantes, du moins solides. Pendant les huit années qu'il passa dans cette maison, il se distingua toujours par sa piété franche et douce, dont le fruit le plus solide fut une égalité de conduite et une régularité tellement invariables, qu'il ne donna jamais à ses parents le chagrin de recevoir une seule plainte sur son compte. Cette vie toujours uniforme et sage offre peu de détails ; ce que l'on peut y remarquer de particulier, c'est une douceur et une bonté de caractère qui le rendaient timide, même envers ses condisciples, auxquels son excellent cœur ne pouvait refuser aucun des services qu'il pouvait leur rendre, quand la règle de la maison le permettait ; aussi en était-il chéri et considéré. Toutefois, malgré cette timidité qui lui était naturelle, il ne craignait pas de défendre avec fermeté ses principes contre les détracteurs de la religion, ce qu'il faisait avec une énergie qu'il puisait dans une conviction profonde, et souvent on l'a vu réduire au silence des déclamateurs ou ignorants ou de mauvaise foi.

Il éprouvait quelque difficulté à s'exprimer. On le vit souvent dans les promenades mettre dans sa bouche de petits cailloux, comme Démosthènes, et tâcher de parler ensuite ; mais le défaut de sa langue résista à tous les efforts, et au sortir de ses humanités, il se vit, pour ce motif, éloigné de la carrière sacerdotale, ce doux rêve de sa vie.

Alors il choisit le parti des armes. Mais sa timidité le rendait peu propre à cette bruyante carrière. Déjà cependant ses chefs, qui l'aimaient et savaient l'apprécier, lui faisaient concevoir de brillantes espérances, lorsque attaqué par la fièvre jaune à la Martinique, où il était caporal au 2ᵉ régiment d'infanterie de marine, il succomba le 6 novembre 1852.

Pour donner une juste idée de sa conduite sage, de sa piété, de sa résignation, de sa foi à ses derniers moments, nous croyons devoir mettre sous les yeux des lecteurs la lettre de madame la Supérieure de l'hôpital où il fut soigné, dans la

maladie dont il mourut, ainsi que les adieux touchants que cet
excellent jeune homme adressa sur son lit de mort à sa famille
justement désolée.

« Monsieur MARCELLIER,

» J'ai reçu votre lettre, datée du 29 décembre 1852, au
» sujet de la mort de votre fils Marcellier, que nous avons
» soigné. Je vous dirai d'abord, pour votre consolation, qu'il
» est mort en bon chrétien ; il a pu se confesser ayant toute
» sa connaissance, et M. le curé lui avait promis de le faire
» entrer au séminaire à Saint-Pierre, si le bon Dieu lui con-
» servait la vie. Cette promesse le réjouissait beaucoup ; comme
» vous le voyez, c'était là un signe de sa bonne conduite ; en-
» core une autre preuve qu'il se conduisait bien, c'est que sa
» maladie, quoique mortelle, a été lente, au lieu que tous les
» autres militaires ont été emportés d'une manière fou-
» droyante, parce que c'étaient des hommes qui buvaient
» beaucoup ; nous avons souvent vu votre fils de planton à
» l'hôpital ; nous pouvons vous dire qu'il se conduisait très-
» bien ; ce pauvre jeune homme n'aurait pas été heureux dans
» l'état militaire, il était trop timide ; mais le capitaine l'aimait
» beaucoup. Il n'a pas pu recevoir le Saint-Viatique à cause
» des vomissements continuels.

» Pour ses effets, je crois qu'ils sont rentrés au corps, sa
» montre est déposée à Fort-de-France, chez le trésorier
» général, M. Liot. Je me suis informée, c'est ce qu'on m'a
» dit. Son enterrement a été bien fait ; M. le curé est venu le
» chercher avec la croix, accompagné de son clergé, et l'a
» conduit à l'église où on lui a fait les prières ; ici les enter-
» rements se font mieux qu'en France pour les militaires ;
» quand je dis ici, je parle du Marin.

» Quant à ses dernières paroles, je ne puis mieux faire que
» de vous envoyer les adieux qu'il vous adresse ; il ne se sen-
» tait plus quand il me les a remis ; on lui demandait comment
» il était, il nous disait toujours qu'il était bien ; mais c'est avant
» que d'éprouver cet état qu'il les avait écrites et qu'il s'était
» confessé : chose remarquable, lui seul n'a presque pas souf-
» fert, tandis que les autres ont souffert horriblement. Dites à sa
» bonne mère de se consoler ; nous le croyons heureux avec
» le bon Dieu ; certainement c'est une grande peine ; mais il
» faut l'offrir au bon Dieu qui l'aura pour agréable, et puis,
» dites-lui aussi, à cette bonne mère, qu'elle songe à tout ce
» que la Sainte-Vierge a souffert au pied de la croix, en voyant
» mourir son divin Fils qu'elle aimait tant ! cette pensée la
» consolera.

» Je vous prie de recevoir, et faire agréer à madame Marcel-
» lier, mon très-humble respect.

» J'ai l'honneur d'être, monsieur, votre très-humble, etc...

» Signé : Sœur Lucine, supérieure à l'hôpital du Marin.

» Le Marin, le 26 février 1855. «

ADIEUX A MES PARENTS.

« Chers parents ,

» La fièvre jaune m'a de nouveau cloué sur un lit de douleur.
» Ce cruel fléau fait sur mon corps affaibli de rapides pro-
» grès et je prévois que bientôt j'aurai cessé de souffrir ; je le

» vois à la consternation des gardes qui m'entourent. Oui,
» bientôt je ne serai plus !.... Il ne m'est plus permis de me
» faire illusion ! et si aujourd'hui un instant de répit m'est
» accordé, j'en profite pour vous écrire d'une main trem-
» blante et mal assurée cette lettre qui sera la dernière que
» vous recevrez de moi. Ne vous affligez pas trop, bien-aimés
» parents, c'est le sacrifice d'un fils que Dieu vous demande ;
» je suis ce fils qui doit être la victime.... Je suis résigné à la
» volonté de Dieu... Il voit bien quelles sont les pensées de mon
» cœur ; il sait que si j'eusse désiré de vivre plus longtemps,
» c'eût été pour me réunir un jour à vous, mon père, à vous,
» ma mère, pour vous rendre heureux de mon bonheur... Mon
» cœur eût voulu pouvoir se montrer reconnaissant pour tous
» les bienfaits que j'ai reçus de vous, pour les soins maternels
» du bas âge, pour les sacrifices sans nombre de mon éduca-
» tion, pour cette position que vous vouliez me donner et vers
» laquelle convergeaient toutes mes sympathies, pour cette
» position que j'ai vue, hélas ! brisée comme l'est un roseau
» par un vent impétueux ! pour cette position après laquelle je
» soupirais depuis si longtemps : *la carrière sacerdotale !*
» Oh ! oui, je puis bien dire qu'en arrachant de mon cœur
» l'espérance d'être prêtre un jour, c'est la vie qu'on m'ar-
» racha violemment !!! Des hommes, plus *égarés* que *coupables*,
» ont cru satisfaire à leur conscience en m'évinçant du Sanc-
» tuaire ; je ne leur en veux pas, je meurs en leur pardonnant,
» je meurs en les aimant, à l'exemple de mon Maître... Pour
» vous, chers parents, respectez toujours ces hommes, quels
» qu'ils soient, à cause de la sainteté du caractère dont ils
» sont revêtus : c'est là ma dernière volonté à leur égard. Les
» volontés d'un mourant sont *chose sacrée.*

» Mais toutes mes espérances ainsi frustrées, vous savez

» pourquoi je me tournai d'un autre côté. La carrière mi-
» litaire me sourit un moment. J'avais l'affection de mes
» chefs, de mes camarades ; mon instruction me mettait à même
» d'avancer dans la voie des dignités et grades de l'armée....
» J'y avais déjà fait quelques pas qui m'en promettaient d'au-
» tres.... J'en augurais bien, lorsqu'un cruel fléau vient briser
» mon éphémère et courte carrière qui n'aura duré qu'un jour.
» Adieu donc, bien-aimés parents, je me meurs.... Sur cette
» terre nous ne nous reverrons plus jamais. Pour moi, je la
» quitte emportant l'espoir de vous revoir un jour dans les
» cieux ; car j'ai mis ma confiance en mon Dieu ; il ne m'a-
» bandonnera pas ; mais puis-je me flatter d'entrer de suite
» dans la céleste patrie ! Ah ! daignez, chers parents, par vos
» prières et celles que vous ferez faire pour moi, m'aider à
» sortir du lieu d'expiation où je vais être épuré de la moindre
» souillure. C'est votre fils qui vous prie, qui vous tend les
» bras, qui fait un appel à vos cœurs sensibles ! Il ne dépen-
» dra que de vous de me faire jouir au plus tôt de la possession
» de mon Dieu dans les cieux ! De là-haut alors, je prierai
» tous les jours pour mon cher père, je prierai tous les jours
» pour ma tendre mère, pour toi, mon bon Xavier, pour toi,
» ma chère Maria, enfin pour tous mes parents et mes amis.
» Du sein de Dieu je te verrai, mon cher Xavier, toi qui,
» par ma mort, restes l'unique consolation de mon père, l'u-
» nique joie de ma mère, l'unique fils en qui désormais se
» concentreront toutes leurs affections. Ah ! je t'en conjure,
» écoute les derniers avis d'un mourant qui est ton frère. Eh
» bien ! donc, sois à l'égard de nos bons parents ce que j'au-
» rais voulu être moi-même : fils obéissant, fils soumis, dévoué
» et reconnaissant de ce qu'ils ont fait pour toi ainsi que pour
» moi ; car désormais tu auras deux dettes de reconnaissance

» à acquitter envers eux : la tienne d'abord, puis la mienne
» ensuite que je confie à ton amitié. Oh ! ne me refuse pas
» cette dernière consolation avant ma mort. Enfin, fais en
» sorte que mon père et ma mère ne s'aperçoivent pas du vide
» que je laisse en la maison paternelle.

» Je te verrai aussi, bonne Maria, toi qui restes seule au-
» près de nos bons parents. Ils avaient trois enfants, eh bien,
» console-les, je t'en supplie, de la mort de l'un, de l'absence
» de l'autre, par ta soumission respectueuse aux ordres, aux
» conseils, aux sages avis que te donneront toujours mes chers
» parents ; sois la compagne la plus ordinaire de ma bonne
» mère ; préviens, par ton activité, ton dévouement affectueux
» jusqu'à ses moindres désirs. Enfin, partout et toujours, sois
» un ange de douceur, un modèle de vertu ; pense souvent à
» ton frère qui, du haut des cieux, aura continuellement les
» yeux sur toi.

» Enfin, très-chers parents, très-chers amis, mon dernier
» soupir s'éteint en pensant à vous ; je meurs.... mais en chré-
» tien, avec la douce consolation que me donne la religion ;
» nous ne pourrons plus nous revoir jamais sur cette terre ;
» mais si vous voulez que nous nous revoyions un jour après
» la mort, vivez chrétiennement, afin de mourir chrétienne-
» ment, et alors tous nous nous reverrons dans le sein de Dieu.

» Adieu, adieu, chers parents, je vous embrasse pour la
» dernière fois ; mais bien plus heureux encore j'aurais été
» en mourant, si mes yeux presque éteints eussent pu contem-
» pler vos traits si chers à mon cœur, si mes lèvres eussent pu
» se coller une dernière fois sur vos fronts bénis.... Adieu....
» Dans le ciel est la fin de l'exil.

» Votre fils,
» Signé : Lucien MARCELLIER. »

Cette chère Maria, cet ange de douceur et de bonté, qui devait rester seule avec ses parents, pour les consoler de la mort de Lucien et de l'absence de Xavier, devait bientôt, elle aussi, descendre dans la tombe ; elle mourut, comme elle l'avait désiré pendant sa maladie, le 2 juillet 1854, jour de la Visitation de la Sainte-Vierge, à l'âge de dix-huit ans !

Vrai modèle de vertu, de pureté et de candeur, elle avait, dès l'âge le plus tendre, mis sa confiance dans sa bonne patronne, la douce et divine Marie, ce soutien chaste et fidèle, cet exemple pur des vierges chrétiennes ; aussi au dernier jour, vêtue de la robe de son innocence, parée de sa pureté virginale, elle alla rejoindre le chaste cortége des vierges qui suivent l'Agneau partout où il va.... et parut sans tache devant le trône de Dieu.

MARCELLIER

(ÉTIENNE-MARIE-XAVIER),

Décédé le 15 décembre 1860, à l'âge de 26 ans.

Pour supporter les rudes épreuves que le ciel envoyait à cette pieuse famille, il lui restait encore son cher Xavier, qui devait être *l'unique joie de ses parents, l'unique fils en qui désormais devaient se concentrer toutes leurs affections.* Mais, hélas ! ce doux espoir ne devait être qu'éphémère !

Comme son vertueux frère et son angélique sœur, Xavier

avait passé son enfance dans la pratique des vertus simples et naïves du jeune âge. Il aimait surtout à prier ses patrons qu'il appelait ses bons protecteurs, et particulièrement la sainte Vierge, à laquelle il ne cessa de rendre tous les devoirs de l'amour le plus tendre et le plus filial. Aussi, grâce à cette pieuse confiance en Marie, la pureté du cœur, la candeur, l'ingénuité, la soumission à ses parents, furent des qualités que l'on vit éclore en lui, comme autant de fleurs qui promettaient des fruits abondants et délicieux pour un âge plus mûr.

A onze ans, au sortir de l'école communale, on le confia aux soins d'un bon curé du voisinage, M. Monsabré, qui lui donna, avec les principes du latin, les principes plus précieux encore de la morale et de la religion. Docile aux leçons de sagesse et de vertu qu'on lui prodiguait chaque jour, le jeune Xavier fut bientôt jugé digne d'être admis à la première communion. Une foi vive, une rare délicatesse de sentiment et de conscience, un profond respect, un pieux recueillement dans le lieu saint, un amour tendre pour le Dieu qui allait se communiquer à lui, une dévotion toute filiale pour la sainte Vierge, telles furent les dispositions qu'il apporta à cet acte important, d'où l'on prit soin de lui faire sentir que pouvaient dépendre son bonheur sur la terre et son heureuse éternité.

Sa conduite ne se démentit pas dans l'âge critique de l'adolescence et de la jeunesse. Comprenant qu'il devait combattre sans cesse, dans ses passions naissantes, un ennemi qui ne se repose jamais, il prit l'heureuse habitude de s'approcher de la table sainte aux jours de nos solennités, et surtout aux fêtes consacrées à la Mère des chrétiens, sa patronne, à laquelle il offrait chaque jour un tribut de prières et de bonnes œuvres, selon le divin précepte : « N'oubliez pas d'exercer la charité et de faire part de vos biens aux pauvres ; car c'est par ces sortes de victimes qu'on plaît à Dieu. (*Héb.*, ch. xiii, v. 16),» et encore : « Ceux qui auront fait de bonnes œuvres ressusciteront pour posséder la vie, au lieu que ceux qui en auront fait de mauvaises ressusciteront pour leur condamnation. (*Saint Jean*, ch. v, v. 29).»

Entré à quatorze ans à l'école centrale des Arts et métiers de Menars, il s'y conduisit avec tant de régularité pendant les deux ans qu'il y passa, que ses maîtres ne lui adressèrent jamais le moindre reproche. On possède encore des notes, vrais éloges, écrites de la main de M. Fichet, alors directeur de cette maison, dans lesquelles sont exaltés la bonne conduite et le travail consciencieux de Xavier.

Après un examen sévère qui lui fit honneur, et dont il sortit victorieux, notre jeune élève fut admis à l'école des Arts et métiers d'Angers.

Il existe dans ces sortes d'établissements, d'ailleurs recommandables à plus d'un titre, un esprit d'insubordination et de mutinerie, dont l'activité des chefs n'a pu triompher jusqu'à ce jour. Les élèves gardent entre eux un secret impénétrable sur toutes leurs menées, se communiquent les uns aux autres leur esprit de rébellion, de telle sorte que cet esprit est le même dans tous les établissements de ce genre, bien qu'ils soient éloignés les uns des autres, et que les élèves ne se voient que très-rarement ou même jamais. Ils méditent longtemps et sourdement leurs complots, tantôt au sujet d'un surveillant trop sévère, d'autres fois au sujet de la nourriture ; le plus souvent ce sont les divisions supérieures qui prétendent exercer sur les plus jeunes un pouvoir tyrannique. On a vu des divisions entières résister comme un seul homme à l'autorité civile et même militaire du lieu, soutenir de véritables assauts pendant des jours entiers, et préférer briser leur avenir plutôt que de se rendre aux avis d'hommes sages et éclairés.

Xavier, après trois ans d'un séjour assez tranquille dans cette école, se trouva, malgré les bonnes intentions des chefs, à la merci de condisciples mutins et rebelles, qui tentèrent vainement de l'entraîner dans leurs complots. Après cette guerre de séduction en succéda une autre de railleries, de sarcasmes et même de mauvais traitements; mais rien ne put l'ébranler. Il continua de vivre en élève soumis et laborieux, jusqu'au jour où éclata la révolte, longtemps préméditée. Au milieu du désordre le plus déplorable, on le vit toujours le même, protestant par sa bonne conduite, contre tout le mal qui se faisait alors. Un maître surveillant, objet de la haine de ces forcenés, connaissant ses intentions droites et son amour pour le bon ordre, vint se réfugier près de lui. Ce bon jeune homme le cacha dans son lit, et, quand il se vit impuissant à le protéger, il appela au secours les soldats accourus pour rétablir l'ordre, et sauva ainsi son maître. Voyant que même après le châtiment des plus mutins, honteusement renvoyés dans leurs familles, l'insubordination régnait toujours parmi les élèves épargnés, Xavier, du consentement de ses parents et du directeur de la maison, prit le parti de se retirer, muni d'un certificat mentionnant sa généreuse conduite.

Il fut bientôt employé comme dessinateur chez un mécanicien de Paris, mais le genre de vie de la capitale était contraire à ses mœurs simples et pures. Protégé par des hommes recommandables, il entra dans la douane active, où il obtint, en peu de temps, par sa bonne conduite et sa régularité, le grade de brigadier.

C'est un service bien dur que celui de la douane active : sur pied jour et nuit, en hiver comme en été, dans les bons comme dans les mauvais jours, on a souvent à soutenir des luttes acharnées contre les contrebandiers et les malfaiteurs; véritables combats, dont les malheureux douaniers sont trop souvent victimes. Toutefois cette carrière qui exige une obéissance passive, une grande activité , un dévouement sans bornes, aurait convenu à Xavier, qui ne connaissait que l'obéissance et le travail , si sa santé eût répondu à son zèle.

Bien qu'il n'eût éprouvé jamais de véritables malaises, cependant la délicatesse de son tempérament semblait ne pouvoir suffire à une si pénible carrière. Il est vrai que les premières années se passèrent sans qu'on l'entendît se plaindre de ce dur métier. Sans doute qu'une volonté énergique lui donnait assez de force pour accomplir des devoirs qu'il regardait comme sacrés. Toutefois un jour advint que ses forces lui firent défaut. En homme de cœur il voulut vaincre, mais enfin, il fallut céder. Le médecin, de concert avec son capitaine qui lui portait le plus vif intérêt, le contraignit de demander un congé de trois mois, pour aller respirer, non l'air natal, mais l'air des forêts de la Blaise, dont son père est le digne administrateur. « Courez les bois, lui disait son respectable chef, dans des lettres pleines d'amitié; jouissez en toute liberté des beaux jours et des plaisirs de la campagne, pour nous revenir ensuite plein de santé. » Dans les premiers temps, en effet, le changement d'air, de nourriture, de régime ; le bonheur de se revoir avec ses bons parents, de vivre avec eux en liberté dans la saison des beaux jours, tout semblait rappeler Xavier à la vie.

Dans l'une de ses courses à travers les forêts de la Blaise, il vit un énorme chêne que l'on appelait le roi des bois, et que quelques jours après on devait abattre. Frappé d'étonnement à la vue de cet arbre d'une hauteur prodigieuse, dont le contour mesurait près de 6 mètres et la charpente 190 décistères,

il pria l'un des amis de son père de lui en laisser un souvenir ;
ce qu'il fit dans la pièce suivante :

« Beau chêne, vraiment roi de mon joyeux rivage,
Nous coulons de beaux jours sous ton épais feuillage !
Tu procures souvent à notre esprit volage
    Un calme séducteur.
    Un murmure enchanteur
Souvent nous endormit sous le frais de ton ombre.
De tes hôtes qui peut nous redire le nombre ?
    Et l'homme et le ciron,
    Le roi, le bûcheron
Peut-être également t'ont rendu leurs hommages.
Il me semble les voir, en consultant les âges,
    Te louer, te bénir.
    Si dans ton souvenir
Tu gardes du passé les hommes et les choses,
Tu sais si cette vie offre toujours des roses
    Et toujours des printemps !...
    Si tu connais les temps
Déroule les anneaux de cette longue chaîne,
Où de gland tu devins arbrisseau, puis grand chêne !
    Car à voir ton contour
    Et ton vaste alentour,
Tu me sembles dater de notre vieille histoire.
Aurais-tu vu ces temps de fameuse mémoire
    Où Louis le Pieux
    Rayonnait glorieux
Par sa haute sagesse, et sa foi, sa vaillance ?
Que ces temps étaient beaux ! La divine croyance
    Sauvegardait l'honneur.
    Mais l'oubli du Seigneur,

L'impie indifférence ont méconnu ces âges!...
Que de vents furieux, de funestes orages
       Ont dû troubler tes jours !
       Pourtant jeune toujours
Tu ris de l'ouragan, des vents, de la tempête ;
Et ton front glorieux, ta verdoyante tête,
       Bravent les éléments.
       Jamais les changements
N'ont rien pu sur ton sort. Autour de toi tout passe.
Tandis que des anciens on ne voit nulle trace,
       Que chacun disparaît,
       Toi seul dans ta forêt
Tu domines encore, et tes pieds restent fermes
Dans le sein de la terre, où sont placés les germes
       Par qui tout rajeunit.
       Un chacun te bénit :
Tout être qui respire, empressé, tu l'accueilles,
Le chauffes de ton bois, l'abrites sous tes feuilles,
       Lui prodigues ton fruit.
       Sous ton dôme le bruit,
Par tes soins paternels, se change en doux murmure ;
Et l'orage et les vents qui troublent la nature
       Ne sauraient t'ébranler.
       A peine ils font trembler
Quelques légers rameaux de ton épais feuillage,
Où toujours on jouit d'un sombre et doux ombrage,
       Au lieu d'un fier soleil,
       Une aube au doigt vermeil
Y vient en plein midi verser sa lueur blanche ;
Et de faibles rayons, courant de branche en branche,
       Y font un demi-jour.
       Délicieux séjour,
O chêne merveilleux, ornement de ma Blaise !

Dans un calme profond que l'on rêve à son aise,
Séduit par tant d'attraits !
Tu peuples nos forêts
De tes enfants nombreux, qui par leur verte écorce
Annoncent comme toi la vigueur et la force.
Comme toi de ces bois
Ils deviendront les rois
Et seront de mes bords la plus belle parure.
Ils portent haut la tête et leur noble verdure
Annonce leur destin.
Adieu ! quelque matin,
O beau chêne, je veux te visiter encore ! »
Un serrement de cœur, serrement qui l'honore,
Avait soudain surpris
Notre poëte, épris
Du charme qu'il goûtait à l'ombre de son chêne.
Il sent en s'éloignant qu'une invincible chaîne
Voudrait le retenir !
Est-ce un triste avenir
Que ce pressentiment dans son cœur lui présage ?
Un matin il s'en va comme il en a l'usage,
Prend ses livres sacrés,
Ses gros souliers ferrés,
Sa pannetière au bras, son carnet pour écrire.
Il veut de nos forêts revoir le noble sire,
Ce témoin des vieux jours.
Chacun a ses amours.
Les amours du poëte est le calme sous l'ombre,
Le silence profond, les échos d'un bois sombre,
Le plaisir de rimer.
Un bruit vient l'alarmer !....
Il accourt, il arrive ! ô malheur ! ô supplice !
Il voit que l'on abat le chêne son délice !

Alors il fond en pleurs.

Poussé par ses douleurs,

Il vole aux bûcherons qu'il accable d'injures.
Mais le chêne qui sent par ses larges blessures

Que c'est fait de son sort :

« Réprime cet effort,

Lui dit-il, il est vain et peut-être funeste.....
Le trépas me sourit, sois-en bien convaincu ;
Il vaut mieux profiter de l'instant qui me reste
Pour tracer le tableau des temps où j'ai vécu.

Les jours de saint Louis sont ceux qui m'ont vu naître.
Arbrisseau vigoureux j'ombrageai ce bon maître,
Un jour qu'il s'égara dans un courre au chevreuil.
J'étais devenu chêne : on m'annonça son deuil,
Qui remplit de douleur notre chère province.
Maint chasseur sous mon ombre a pleuré ce bon prince.
Après ce noble roi, que de rois vicieux !
Pour des siècles de deuil, quelques jours glorieux
Ont jeté de l'éclat, répandu la lumière :
Tels sont les jours de Jeanne, héroïque bergère,
Ceux du brave Bayard et du roi Chevalier.
De François de Joinville, invincible guerrier,
Et les nobles élans de notre Henri IV.
Aussi sage au conseil qu'intrépide à se battre,
Il nous transmit un nom populaire et fameux ;
Mais sa mort amena des temps sombres, brumeux,
Où l'on vit de rechef l'esprit diabolique,
Partageant le royaume en mainte république,
Entraîner dans l'erreur les esprits éblouis.
La tempête fit place aux soleils des Louis.
Je vis des temps encore, hélas, plus déplorables !....
Mais oublions ces jours, où quelques misérables
Ont osé dans le sang du roi le plus humain
Plonger avec fureur leur détestable main !

Quand l'ennemi superbe eut franchi nos frontières,
Mon feuillage abrita des familles entières,
Qui fuyaient l'incendie et l'horreur du combat ;
Cependant c'est ce peuple aujourd'hui qui m'abat !.... »
. . . .
. . . .
. . . .

A ces mots le vent souffle et renverse par terre
Ce géant, dont la chute imita le tonnerre.
      Tout le bois en trembla,
      Et l'alentour sembla
Dans un vaste circuit meurtri de sa blessure.
On reconnut alors que sa vie était sûre :
      Sa robuste vigueur,
      Son bois sain jusqu'au cœur,
Ses rameaux d'un beau vert, la force de ses branches,
Ses fibres et sa séve en même temps si blanches
      Et son air de printemps,
Prouvaient qu'il eût pu vivre au delà de nos temps !

Tant que durèrent les beaux jours, tant que Xavier put respirer l'air des champs et des bois, le mal sembla, sinon s'amoindrir, au moins demeurer stationnaire. Mais quand on vit la feuille jaunir, quand les matinées devenues plus fraîches nous amenèrent les premiers givres, le pauvre jeune homme, qui toujours avait espéré que les soins, le temps et la patience lui rendraient ses forces, fut peu à peu miné par la souffrance. Durant les sombres jours d'automne, lorsque déjà les feuilles couvrent la terre, le malade, qui jusque-là n'avait éprouvé qu'un malaise général, fut atteint bientôt d'une phthisie de poitrine à laquelle se joignit ensuite une cruelle hydropisie.

L'art des médecins, les attentions de sa tendre mère, les soins assidus et les veilles que lui prodiguait le meilleur des pères, rien ne put arrêter les progrès du mal. Plusieurs consultations eurent lieu ; mais elles ne firent que donner la certitude de la fâcheuse situation du malade, qui, toujours résigné à la volonté de Dieu, n'osait pas même se plaindre, dans la crainte d'affliger ses bons parents. Persuadé qu'il n'avait plus de secours à espérer de la part des hommes, il tourna toutes ses pensées vers la religion, suprême et consolante ressource des mourants.

Comme il avait conservé l'heureuse habitude de remplir ses devoirs religieux, il ne lui fut pas difficile de se préparer à une humble confession de ses fautes, pour ensuite recevoir dignement le pain sacré de la vie, le Dieu de toute consolation, le seul ami qui nous reste fidèle, au moment du départ pour l'éternité. Le jour où il eut le bonheur de recevoir son Dieu, il voulut, dans les transports de sa joie, embrasser ses parents, auxquels il protesta que son seul regret, en quittant la vie, était de les voir dans la douleur. Il leur demanda pardon de ses impatiences et des peines qu'il leur causait chaque jour, bien que dans le cours de sa longue et cruelle maladie, on eût toujours remarqué le calme et la tranquillité de son âme au milieu des plus violentes douleurs. Ses derniers moments eux-mêmes furent moins une agonie que le sommeil du juste, et l'on peut dire qu'il s'avança vers la mort avec sérénité, et que *Dieu, auquel il était agréable, se hâta de le soustraire aux iniquités* (Sap. iv, 13). Toutefois, sachant qu'il y a des péchés que Dieu remet dans l'autre vie *en passant par le feu* (St Math. ch. xii, v. 32). (1 Ep. Corinth., ch. iii., v. 15). Il conjura ses chers parents, en leur faisant de touchants adieux, de prier et de faire prier pour lui après sa mort.

C'est au milieu de ces doux entretiens, de ces pieuses pensées que Xavier s'éteignit dans les bras de son père !

Ainsi vécut, ainsi mourut ce bon jeune homme, qui selon l'expression de l'un des témoins de ses derniers moments, emporta dans la tombe, ou plutôt au pied du trône de la majesté suprême, cette fleur de l'innocence baptismale que l'âme chrétienne préfère à tous les trésors de la terre ! Qui ne s'écrierait au souvenir d'une vie si agréable au Seigneur : *Moriatur anima mea morte justorum !* Puissé-je mourir de la mort des justes !

Depuis longtemps on ne s'entretenait plus dans la ville que du malheur qui attendait ces pauvres parents, qui loin de leur pays et de ce qui leur était cher, allaient être privés de leur dernière consolation. Aussi leur douleur devint, pour ainsi dire, une douleur commune, et les témoignages d'affection et de pieuses sympathies ne leur manquèrent pas au moment suprême.

Le jour de l'inhumation on vit chacun se porter à l'envi à la demeure du défunt, dont le convoi funèbre fut un véritable triomphe décerné à la vertu. C'était quelque chose de bien consolant pour ces bons étrangers de voir une population entière prendre part à leur peine, l'entendre regretter ce vertueux jeune homme, enlevé ainsi à la fleur de l'âge.

Les jeunes gens de toutes les conditions se présentèrent pour marcher à la tête du cortége, chacun un cierge à la main. Leur modestie, leur recueillement, le calme triste de leurs candides visages annonçaient assez qu'ils comprenaient, eux aussi, la perte immense que faisaient ces malheureux parents. Venait ensuite le clergé qui avait tout fait pour rendre plus touchante cette lugubre cérémonie. Des couronnes d'immortelles, placées sur le cercueil, rappelaient, par leur blancheur, la candeur et l'innocence de celui que l'on pleurait. Quatre jeunes gens, plus distingués encore par leurs vertus que par leur position sociale, portaient les coins du drap. La foule qui suivait dans un silence religieux, était composée de toutes les classes de la société. Le pauvre père qui avait voulu accompagner son cher fils à sa dernière demeure, attendrissait encore par ses soupirs, ses sanglots et ses larmes, l'assemblée qui témoignait une peine profonde et un pieux recueillement. Le digne oncle du défunt, M. le curé de Mulsans, vivement touché à la vue d'un tel concours, ne put s'empêcher d'en témoigner sa reconnaissance, au moment même de l'inhumation, par des paroles touchantes qu'il a reproduites plus tard, comme on le verra bientôt. Pendant plusieurs jours se succédèrent sans cesse les visites de condoléance, où se trouvèrent souvent confondus tous les rangs, comme au jour du convoi funèbre. On peut dire que tous les cœurs se sentaient comme instinctivement portés à rendre hommage à la religion éclairée et profonde de ces dignes parents, qui avaient su inspirer à leur fils tant de vertus. C'est, qu'en effet, en véritables chrétiens, ils avaient toujours eu les yeux sur ce cher fils, et chaque année ils ne manquaient pas de lui rappeler, dans des lettres dictées par une piété solide et une vive sollicitude, ses devoirs religieux au temps pascal et *aux bonnes fêtes de l'année*. Nous pourrions citer ici bon nombre de lettres de ce genre et les réponses respectueuses de Xavier, qui s'exprimait en ces termes, dans une lettre du 6 avril 1860, jour du vendredi-saint :

« .... Vous me parlez de lavage de linge ; il y a sous cette
» expression une énigme à deviner pour bien des personnes ;
» mais moi j'en ai compris immédiatement le sens. C'est un
» linge spirituel que mon directeur aura la charité de blan-
» chir. Vous ne devez pas douter de mes sentiments touchant

» la religion. Vous savez que j'ai toujours aimé à mettre en
» pratique les bons exemples que vous m'avez donnés, et les
» bons principes que vous m'avez inculqués. Grâce à votre
» pieuse sollicitude, à vos soins paternels, à vos bonnes
» prières, ce sera toujours un vrai bonheur pour moi de rem-
» plir mes devoirs religieux ; je trouve que c'est pour le cœur
» un baume que rien ne peut remplacer. »

Heureux les parents dont les enfants pensent et agissent
ainsi ! Heureux les enfants auxquels les parents ont le bon
esprit d'inspirer de tels sentiments ! Voici du reste une lettre
de M. le capitaine de Xavier à ses parents, en date du 5 jan-
vier dernier, qui confirme en quelques mots ce que nous
venons de dire sur ce vertueux jeune homme :

« Monsieur Marcellier,

» Lorsque vous m'avez appris la mort de mon pauvre bri-
» gadier, ce fut un coup terrible pour moi qui l'aimais comme
» mon enfant, et aussi pour toute la brigade qui l'aimait
» comme un père. Il avait su se faire estimer de tous ceux qui
» le connaissaient. Sa conduite était exemplaire ; jamais il n'a
» été réprimandé ni puni. Je sais qu'il n'a que de bonnes
» notes au ministère, et je puis même vous assurer qu'il se-
» rait arrivé officier avant un an.....
» Toute la brigade a fait dire une messe pour le repos de
» son âme.
» Adieu, Monsieur et Madame. Résignez-vous à la volonté de
» Dieu ; dans la religion seule vous trouverez de véritables
» consolations. »

Nous terminerons cet opuscule par la lettre suivante, que M. le curé de Mulsans adressa, le 20 décembre dernier, à M. le rédacteur du journal le *Progrès de la Haute-Marne* :

« Monsieur le Rédacteur,

» Je vous prie d'être auprès des habitants de Wassy l'inter‑
» prète de notre éternelle reconnaissance, pour l'empresse‑
» ment et le dévouement qu'ils nous ont montrés avec tant de
» spontanéité et d'affection, en accompagnant à sa dernière
» demeure notre neveu et fils, Xavier MARCELLIER, décédé à
» Wassy le 15 décembre 1860.

» Etrangers dans cette ville, seuls, loin de nos amis et de
» notre famille, nous avons, en ce jour de douleur, tout re‑
» trouvé dans la charité vraiment chrétienne des bons
» Wasseyens, dont l'immense concours nous a fait croire un
» instant que nous étions au sein de notre famille et de nos
» anciens amis.

» Je vous prie, Monsieur, d'assurer cette bonne population
» que son souvenir ne s'effacera jamais de mon cœur.

» L'un d'eux, vivement ému de cette scène touchante, de
» ce concours bienveillant, de notre profonde douleur, eut la
» bonté de nous adresser cette pièce de vers si pleine de con‑
» solation, et que je vous prie d'insérer dans votre journal.

» Veuillez agréer, Monsieur le Rédacteur, l'assurance de
» ma parfaite considération.

» MARCELLIER,

» Curé de Mulsans.

« *Wassy, le 20 décembre 1860.* »

Beati qui lugent, quoniam ipsi consolabuntur.

Permets, cher Marcellier, dans tes jours de tristesse,
Qu'un ami dévoué partage tes malheurs ;
Qu'il vienne près de toi, non pour tarir tes pleurs,
Mais verser dans ton sein quelques mots de tendresse,
    Endormir tes douleurs ?

Tu fondais sur ton fils de douces espérances.
Sa présence offrait seule à ton cœur tant d'attraits !
Dans tes sombres chagrins, si parfois tu pleurais,
Ce cher fils était là pour calmer tes souffrances ,
    Adoucir tes regrets !

Maintenant qu'il n'est plus, ta douleur est profonde.
Loin de ton beau rivage, étranger sur ces bords,
Triplement accablé par de cruelles morts,
Qui voudrait te calmer, comme on calme en ce monde,
    Ferait de vains efforts.

Ne pourrais-je pourtant, pauvre enfant de la Blaise,
Te faire quelque bien ? par de simples discours
A ton âme affligée apporter du secours,
Alléger de ton cœur le funeste malaise,
    En suspendre le cours ?

J'ai cru voir ta douleur par d'autres partagée.
Tout Wassy m'a semblé prendre part à ton deuil.
Dans le fond de mon cœur j'éprouvai de l'orgueil,
Quand je vis la cité tout entière affligée,
    Pleurer sur un cercueil.

Est-il une demeure, ou palais ou chaumière,
Qui ne soit le séjour des soucis dévorants ?
Ils pénètrent le sein des petits et des grands,
Ainsi que le soleil de sa vive lumière
       Pénètre tous les rangs.

Pleurer sur cette terre est donc notre partage.
C'est un lot bien funeste aux humains dévolu !
Hélas, depuis Adam le mal a prévalu !
D'un père malheureux voilà notre héritage.
       Ainsi Dieu l'a voulu !

« Heureux celui qui pleure « a dit le divin Maître !
» Après les mauvais jours il sera consolé.
» Et lorsqu'il se verra dans ce monde isolé,
» Je lui rendrai ma paix, je la ferai renaître
       » Dans son cœur désolé. »

Le ciel donc, cher ami, telle est notre patrie.
A l'abri des discours, ou vains ou séducteurs,
C'est là que nous aurons pour vrais consolateurs
Du Seigneur les élus, la famille chérie,
       Les purs adorateurs.

Aussi tes chers enfants, doux objets de ta plainte,
Pourquoi donc les pleurer, tandis qu'ils ne sont plus ?
Les pleurer ! ce serait des regrets superflus.
Ils jouissent en paix, dans la demeure sainte,
       Du bonheur des élus.

Voudrais-tu les revoir battus par la tempête ?
En butte aux traits impurs du méchant forcené ?
Sur la terre aujourd'hui l'impie est déchaîné,
Foule à ses pieds l'honneur qu'en secouant la tête,
      Il nomme suranné.

De la mort, pauvre mère, hélas, trois fois victime,
Tu te nourris de pleurs, de chagrins, de tourments.
Aussi je me suis tu dans les premiers moments
D'une affreuse douleur, mille fois légitime,
      De sourds gémissements.

Tes enfants, toutefois, que l'on a vus si sages,
Etait-ce à ce séjour que tu les destinais ?
« Pour le vice, ô mon Dieu, si tu me les donnais,
» Plutôt la pâle mort sur leurs chastes visages !... »
      Ainsi tu résonnais.

Nous devons donc bénir le bon Dieu qui nous aime.
S'il nous prive d'enfants c'est sans doute un bonheur.
Le méchant parmi nous est en si grand honneur
Qu'il domine, triomphe et tient le diadème,
      En souverain seigneur.

La vertu dans ce monde est timide, tremblante ;
Au contraire le vice est fier, audacieux.
Du séjour de la terre habitant orgueilleux,
Sans relâche il poursuit la vertu chancelante,
      Qui n'est ferme qu'aux cieux.

Oh ! oui, les cieux, séjour de la sainte concorde,
Seront toujours le but du sincère chrétien,
Qui, dédaignant la terre, a son doux entretien
Au sein même du Dieu de la miséricorde,
       Son unique soutien.

Couronnés désormais et de lis et de roses,
Vos enfants, délivrés de ce monde jaloux,
Dans les bras de Jésus vous donnent rendez-vous.
Songer à ce bonheur, se nourrir de ces choses,
       Amis, quoi de plus doux ?

Wassy. — Typ. et Lith. J. Guillemin.